Bi Han Sen **Seziermesser**

Bi Han Sen

Seziermesser

Gedichte

edition lib

© edition lib,
Weissach 1997
Satz, Druck: Julius Reichert, Leonberg
Printed in Germany
ISBN 3-9806017-0-6

> Es könnte viel bedeuten: wir vergehen,
> wir kommen ungefragt und müssen weichen.
> Doch daß wir sprechen und uns nicht verstehen
> und keinen Augenblick des andern Hand erreichen,
> zerschlägt so viel: wir werden nicht bestehen.
>
> Ingeborg Bachmann

VORWORT

Die vorliegenden Texte sind moderne Revelationes Birgittae, die Offenbarungen einer unheiligen Birgitta. Dennoch sind sie keine Selbstentblößungstexte, die dem Kult der Selbstdarstellung frönen, dem Exhibitionismus des Selbst und des Körpers, wie er als letzte mögliche Definition der Individualität und der Identität heutzutage von vielen begriffen wird. Sie sind trotz ihrer teilweise scheinbar expliziten Direktheit kein Abbild einer äußeren Wirklichkeit, stattdessen vermitteln sie vielfältige seelische Wirklichkeiten, sie stellen Leiden und Leidenschaft dar. Sie sind der Versuch, den schreibende Frauen wie Virginia Woolf oder Ilse Aichinger und viele andere gemacht haben, das Unsägliche des Schreckens mit Worten zu bannen, das Leiden an der Wirklichkeit mit Sprache zu bewältigen und durch die schonungslose Vergegenwärtigung des Leids eine Gegenwelt der Nähe, der Wärme und der Freiheit zu schaffen, weil Stummheit und Verdrängungen ihrer lähmenden, fesselnden Wirkung beraubt sind, weil Fassaden weggeräumt werden, weil Menschen durch Sprache und Sprechen zum Miteinander befreit werden.

Viele dieser Gedichte sind Körpertexte, sie geben Erfahrungen und Empfindungen einer Frau hinsichtlich ihres Körpers wieder, dessen äußere Erscheinung glücklicherweise all die realen Kränkungen und Verletzungen unverändert überstanden hat. Unsere Befindlichkeit in unserem Körper bestimmt ganz wesentlich unser Selbstbild und die Vorstellung anderer von unserer Person und Persönlichkeit. Body & Soul haben immer so korreliert, daß die Seele die Gegebenheiten des Körpers verarbeiten mußte. Inzwischen kann man per Körperstyling die Vorfindlichkeit des Faktischen den Bedürfnissen der Seele anpassen nach dem Motto „Meine Verwandlung ist meine Befreiung" und dabei die abstrusesten Versuche wagen.

Diese Gedichte sind Ausdruck einer Verwandlung des Kopfes, nicht des Körpers, nach dem Motto „Meine Befreiung ist meine Verwandlung", denn die in ihnen durchlittene und durchlebte Selbstreflexion anhand von Trauer, Schrecken und Elend hat Lebendigkeit, Kraft, Lebenslust freigesetzt. Diese Texte befreien den Kopf vom Körper, sie befreien den Kopf von den Begrenztheiten und Bedrängnissen einer manchmal schier unerträglichen Wirklichkeit, gerade weil er sich mit ihnen bewußt auseinandersetzt.

Seziermesser

die fast tote Seele
sezieren zerschneiden
Abgestorbenes entfernen
mit feinen Schnitten
das Messer Sprache
öffnet zerteilt
mit scharfer Klinge
die erstarrte Masse
Verknotungen der
Verdrängung lege ich
frei Wort für Wort
Krankheitsherde
erkennen
Pflicht des Pathologen
heil Gebliebenes
weiterverwenden
Träume rausoperieren
reimplantieren but
you cannot live twice
nur in der Sprache
läßt Leiden sich löschen
nur in der Sprache
läßt Leben sich nachholen

Männer fällen Stämme

Sonnabendnachmittag im strahlenden Spätsommer
Gartengrün Pflanzenfülle Farbleuchten überall
Birkenblätter fangen das Licht im Windspiel
und singen ein leises Lied dazu
dazwischen glitzert die goldblonde Sonne
und kitzelt die Sitzenden sanft
doch mit gleißender Glut
soll die Hitzige sie küssen

so werden Bäume beseitigt
beschirmende weiße Reinheit weicht
der kochend roten Brandstifterin
stramme Stämme gefällt von Männern
mit eifernder Lust schlagen sie wie Rivalen
lang gewachsenes Leben zu Boden
kastrierte phallische Kraft kann
im Herbst als saftloses Holz verheizt werden

Beversee

Sitzen am See
Himmel sonnenwolkengrau
Frauen schweigen ins Wasser
betasten kahle Äste Gras
Wellen entlocken Bootsmasten
Kuhglockentöne dunkle Kähne
schaufeln sich schwerfällig
und ächzend den Weg frei
während weiße Segelboote
windschnittig wild fliegen
Enten schwimmen um die Wette
Schweben am See

Hochwald

Massig kräftige Baummänner
fruchttragende Baumfrauen
gut genährt mächtig würdig
dank langer Lebenserfahrung
Stürme erschüttern sie nicht
Regen benetzt ihre Blattadern
läßt sie später glänzen wie
geölte Schönheiten Märchen
erzählen sie dem der ihrem
Rauschen lauscht Vögel in
der Höhe erheischen sie
und fliegen sie fort zu
fremden Bäumen diese deuten
sie und teilen ihre Träume
ihre Weisheit würde wachsen
wollten Menschen die Botschaften
der Bäume begreifen und
ihre Sprache ernsthaft sprechen

Blinde Post

Ein Hinweis in der Ecke der Hauptpost
„Hier bedient Sie ein Blinder"
ein blinder Briefmarkenverkäufer
von ihm will keiner bedient werden
er wird gemieden
in seiner blinden Einsamkeit
dreht er sich ständig im Kreis
wie ein von unsichtbaren Peitschen
gepeinigter Kreisel
bereits unter der Brust beginnt
sein trauriger Spitzbauch
an den Schalter stellt er ein Schild
„Vorübergehend geschlossen"
dann dreht er weiter seine Kreise
Kinder schließen manchmal
die Augen und glauben
niemand sieht sie
so ist es
bei den Erwachsenen

Sisyphosarbeit

in der elegantesten
Galerie der Stadt
ein Wasserschlösschen
mit Skulpturenpark
innen nichts als
weiße Reinheit
ein Macher hat
sich dem Buch zugewandt
alte Bücher in Antiquariaten
erstanden an die Wand
gebracht auch Kunst sowas
hingerissen bin ich
von seinem Riesennetz
aus Lesezeichen
Wahnsinnsarbeit das
ein ganz feines Gewebe
als ich frage nach
der jahrelangen Arbeit
erfahre ich das Werk
sei Produkt einer
Behindertenwerkstatt
der Künstler hat
knüpfen lassen
wer baute eigentlich
das siebentorige Theben?
welchen Lohn welches Lob
gab es dafür?
noch viele Fragen mehr

Lieben lernen

Wolken ziehen über
meinen Glastisch und
spiegeln sich in ihm
ist Gott über ihnen?
wo ist sie er es?
gibt es sie ihn?
Fragen an die Freundin
Gott finden wollen
heißt lieben lernen
sagt sie
die Nächste lieben
wie sich selbst
mich selbst?
was denn?
wie denn?
das Nichts
das ich bin?
Gott hilf mir
mich zu lieben
dann finde ich Dich
im Mitmenschen vielleicht

Meine Sprache mein Atem   für
                               Dieter Wellershof

nach Jahren der Obdachlosigkeit
verstoßen ins Exil der Sprachlosigkeit
endlich wieder im Wort wohnen
im Wort allein
Sprache der Atem meines Daseins
Welt geschaffen aus Worten
Ratte und Schmeißfliege
will ich sein
in meiner einzigen Wahlheimat
der Sprache
meine Zwangsheimat
das Land den Staat
beschreien beweinen
beleidigen bemitleiden
die Sprache trage ich mit mir
wie die Schildkröte ihren Schutz
die Sprache ist mein Rückgrat
sie gibt mir den aufrechten Gang
die Sprache ist meine Salbe
damit heilen meine Wunden
mein Gefühl genießt den
Glanz der Sprache
Buchstaben befreien
mich von allem Zwang
mit Vokalen und Konsonanten
kann ich spielen tanzen
in allen Sprachen lachen

Sprachkäfig

Narren Gefangene
im Sprachkäfig
sind wir alle wir wähnen
die Sprache sei Freiheit
da wir an ihre Macht
die Veränderbarkeit
der Welt
durch Worte glauben
als Vehikel
der Verständigung
verstehen wir sie
doch sie ist
ein Käfig auf Rädern
der dreht sich im Kreis
auf Schienen wie
eine Spielzeugeisenbahn
wenn wir sie entgleisen lassen
geraten wir ins Dickicht
in unbekannten Urwald
im Chaos hangeln
wir von Ast zu Ast
stumm kämpfen wir
nur noch körperlich
setzen wir die Sprache
wieder auf ihre Fährte
folgt sie in einem Park
mit geharkten Wegen
proper und ordentlich
ihrer vorgegebenen Spur

Tschechovs Todesort

über sonnengoldroten Oktoberkastanien
leuchtet golden das Kreuz
Spitze des roten Kirchturms
immer im Licht Zeichen des Einen
sichtbar von allen Seiten
auf allen Wanderwegen
keiner gerät ins Abseits
und im Dunklen
läuten die Glocken
dann nach langem Regenfall
ist der Kastanienbaum kahl
ein alter Mann
an einem Tag
aller Haare beraubt
der Park steht kalt
das Kreuz der Kirche
scheint nur fahl
kein Gold und Rot
Tannen ohne Haarnadeln
nur Asche und Verfall
und baldiger Novembertod
am Nachmittag aber beim
Gang entlang der Straße
ein alter Kastanienbaum
gegen das prasselnde Naß
bietet er ein dichtes Dach
noch grün und nicht mal
golden noch nicht verloren
kahl noch ganz beschirmt
noch sommerstolz trotz
drohenden Novembers

Endlösung

die deutsche Schuld
umformen zur Skulptur
Verrat Verfolgung Vernichtung
in weißen schwarzen Stein meißeln
die Schande zur Sache machen
das Mahnmal abstellen
in der Landschaft
harmlos harmonisch
mit Rasen und Park
sich die Opfer aus
der Seele löschen
die Lager aus den
Köpfen auslagern
Kinderaugen
aus Auschwitz
schwangere Bäuche
aus Buchenwald
aus Bergen Belsen
sechs Millionen Menschen
sechs Millionen Leben
Vergessen durch Gedenken
Erinnern ohne Gedanken
Kollaboration der Kunst
Schmutz und Hunger
Furcht und Elend
Terror der Täter
im Denkmal
verdinglicht versteinert vergessen
Memory ein Spiel
in der wieder erworbenen
sogenannten Normalität

Armenlegion

Einen Christstollen
vollwertig gebacken
mit guten Zutaten
Tage nach Weihnachten
erworben zum halben Preis
doch noch immer teuer
so ging ich vorbei
an der Straßenecke
wo ein abgerissener Mann stand
verwirrt fast verhungert
frierend fahl im Gesicht
mit Bundeswehrparka
ohne Futter und
dem Akzent eines Sachsen
einen Bettlerhut hielt er auf
um ein paar Groschen bat er
stolz auf meine Großzügigkeit
warf ich ein Marktstück hinein
dankbar strahlte er mich an
doch ich schlich voller Scham davon
Selbstekel ob meiner Herzensenge
in der Kälte habe ich
den obdachlosen Christus
stehen gelassen

jeden Tag
beim Gang
zum Brotladen
zur Bahnhaltestelle
zur Bank
Abschreiten der
Armenlegion
die Penner
stehen Spalier
die Bettler
bitten zur Kasse
doch die Arbeitslosen
machen keinen Rabbatz
noch nicht
ein schlechtes Gewissen
Schuldgefühle
eine ganze Straße lang

Kriegsgefühl

es ist Winter
Bomben und Geschosse
am Golf
Bunker brennen
Öl fängt Feuer
Krieg inszeniert
wie Silvester
Videospiele action
wir weinen und wachen
und bangen und mahnen
weit weg und doch
aberwitzige Angst
es ist Sommer
Barbarei und Granaten
Drama auf dem Balkan
Menschenwölfe wissen
nicht was sie tun
blutbesudelt unentwegt
Hunger und Schmutz
tägliche Todesnot
wir speisen und lachen
und lallen und lesen
beiläufig vom Elend
und schweigen und
reisen anderswohin
ganz nah und doch
feiges Vergessen
Metzelei von Mitmenschen

Männer sind Kriegsspieler

Männer sind Söhne
Männer sind Väter
Männer werden Täter
Männer haben Macht
Männer haben Waffen
Männer spielen Krieg
Männer quälen Kinder
Männer verüben Verbrechen
Männer schlagen Schutzlose
Männer vertreiben Völker
Männer foltern Feinde
Männer vergewaltigen Frauen
Männer schlachten Säuglinge
Männer morden Minderheiten
Männer hacken Andersdenkenden Hände ab
Männer schänden Gräber
Männer hassen Hilflose
Männer gängeln Gefangene
Männer verbrennen Vorräte
Männer plündern Pakete
Männer verstümmeln ihre Seelen
nicht nur im Brandland Balkan

Mourning becomes the daughter

vor langen Jahren
gestorben bist du
in die Erde gelegt
hat man deinen Leib
mich hat man
nicht gefragt
mir hat man
vorher nichts gesagt
geweint habe ich erst
an Weihnachten
mehr als ein Jahr danach
als ich nichts mehr aß
dann habe ich angefangen
Trauer zu tragen nicht
sichtbar dafür ein ganzes
Vierteljahrhundert lang
vor anderen tat ich
manchmal so als ob ich lebte
nichts als Mimikry das
die Schuld der Trennung
ertrug ich nicht also
bin ich auch gestorben
abgebeizt alle Sinnlichkeit
von meiner Seele
versiegelt mit dem
schwarzen Lack
der Fühllosigkeit
Tod bei lebendigem Leibe
jahrzehntelange Strafe
für Verlassene

Mein Erbteil

Mein Erbteil bereits
in der Kindheit erhalten
damit versehen
Tag für Tag
kein Reichtum
nicht mal ein Pflichtteil
nichts anderes als eine Hypothek
lebenslange Belastung
man gab mir Mißtrauen
man gab mir Gleichgültigkeit
man gab mir Herablassung
man gab mir Trübnis
man gab mir Kälte
und ich ward steinerne Angst
Ballast und Bürde bis heute
abgeworfen erst
wenn ich mich
wachsen und gedeihen
und reifen lassen kann
dann werde ich reich sein
und mir selbst werde ich
Freiheit und Beistand bieten

Scharia

abgehackte rechte Hände
schwarze Armstrümpfe
trübe Männergesichter
starren ins Leere
gestohlen haben sie
deshalb werden sie
zu Krüppeln wie ich
Schuld im Sudan ist
nicht mein Versagen
nur mit Gebrechen
geboren zu sein

Markt in Bangkok

Straßenmarkt in Bangkok
am Sonntag Amulette
Garküchen Flaschen Fische
ein Tisch mit Händen
Hände aus Plastik
blutig abgehackt
blutüberströmte Finger
als Haufen liegen sie
auf weißem Tischtuch
zu kaufen als Opfergaben
für den Tempel einem Gott
gereicht macht meine Hand
ihn gütig statt gleichmütig?

1941   1951   2001

mein genetischer Code
an der Scannerkasse der
pränatalen Warendiagnostik
wird er gelesen
Ausschußware
der Kinderproduktion
bin ich mein Preis ist
der Gesellschaft der Gesunden
zu hoch die Eugenik der
schönen neuen Welt
läßt mich nicht zu
verworfen werden
die Folgekosten der
Fehlformung
ein Ersatzteil braucht es
zur scheinbaren Perfektion
also lande ich auf dem
Müllhaufen der Genmedizin
10 Jahre früher oder 50 Jahre später
hätte es mich nie gegeben

Satansvaterbraten

eine sadistische Ader
hatte Gottvater und
weil ihm zum Kotzen war
warf er mich
in einer Maiennacht
ohne daß ich
ganz geraten war
mit halbem Arm
aus dem warmen Becken
in das nacktkalte Dasein
dort wartete schon
der andere Vater
auf den ersehnten Sohn doch
noch eine dritte Tochter
wie eine halb kaputte Puppe
wollte er von sich stoßen
lebensunwertes ungewolltes   Leben?
Kränkung Kälte Härte
die grautraurige Frau
fiel in eine tiefe Krise
Schuld Scham Schande
bald danach verschwand er
Familienfernvater
ein harmloser Onkel
mit Hasenbroten an
Wochenenden bescheiden
zu Weihnachten Taschentuch
Wollsocken und Moselwein

als er wieder da war nach
Jahren der Abwesenheit
propagierte er Anpassung
Gehorsam ohne Fragen
Widerstand war ihm zuwider
Satansbraten nannte er mich
Fragen zur Vergangenheit   tabu
Norm Uniform Konsum und
jeden Freitag das Lotto
Scheinglück Wohlstand
Wohlstand über alles
über alles in der Welt
Rüstung Revolte Restauration
langer Grabenkampf dann
wurde ich Opfer auf dem
Altar des Mammons
nach dem Tod der Mutter
wurde ich vaterlos dazu
Nähe Wärme Zärtlichkeit
unbekannte Begriffe im
Wörterbuch des Unvaters

Fisch im Becken   in memory of Virginia

Anamnese meiner Angst
entstanden im Alter
von acht Jahren
lange Panikphase danach
an jenem Sommersonnentag
Ballspielerei allein
langweilige Einsamkeit
er sprach mich an
der Wart am Aschenplatz
meinen Fisch will ich
dir zeigen mein Karpfen
aalt sich im Bassin durch
viele Zimmer zieht er mich
im hintersten Zimmer
zieht er mich an sich
und faßt meine Scham an
weinend und schreiend
stürze ich ins Freie
alle Tennisspieler mißtrauen mir
keiner glaubt meine Trauer
keiner sieht meine Pein
den ganzen Tag muß ich
warten die Scham ertragen
nicht seinen Anblick
er ist verschwunden

Ecce homines   für Hilde Domin

Am ersten Tag des Jahres
ein Skalpell entdeckt
beim Gang durch den Park
damit ritz ich mir
ein sichtbares Mal
in die Wange
Brandzeichen des
gebrannten Kindes
als ich dieses Kind sah
hätte ich es am liebsten
auf den Boden geknallt
sagte der Vater
eineinhalbarmig
nur eine Hand
für mehr hat es
wohl nicht gelangt
sagte der Arzt
diese Kinder werden
oft besonders klug
sagte die Hebamme
es hat schon
Schlimmeres gegeben
sagte der Puppenspieler
das Skalpell kappt
den Faden der
Selbstverachtung
die Nabelschnur der
Abhängigkeit
von falschen Vaterfiguren
und das Stigma ist nicht
in meinem Gesicht

es ist das unsichtbare
Kainszeichen
der Gefühlskrüppel
all der zweiarmigen
Einarmigen
meine zweite Hand
heißt Puppenhand
bei den Kindern

Persona

cold comfort des Kaschierens
meine Maske soll mich tragen
über Abgründe der Angst und
Leere über Not Pein und Wut
stark und sicher scheine ich
dahinter weint ein einsames Kind
schreien vor Sehnsucht möchte es
Menschen erbarmt Euch doch
keiner hört die Klagen denn
hinter den glatten Fassaden
sind alle vermauert wie ich

Weiche Ziele

Militärs nennen Menschen
weiche Ziele
leicht zerstörbar
tagtäglich macht man
sie zu Krüppeln
mit Armstümpfen
mit Beinstümpfen
auf Landminen
sind sie getreten
bei der Arbeit
im Gemüsegarten
in Angola
oder anderswo
die Regierungen
der Welt bekennen
sich zur Gewaltlosigkeit
die Waffenproduzenten
der Welt bekennen
sich zum Wachstum
der Konten
und Aktienkurse

Rievkooche wie bei d'r Mamm

Herbstblätter am Boden
Reibekuchen wie ein Versprechen
aus Kindertagen in der Luft
streichelnd gelbes Laternenlicht
Sommerwärme im Oktober
eifrig bimmelnd die Kartäuserglocke
dazwischen kräftige Schläge vom Dom
geschäftig redende Frauen vor dem
Haus an Händen und Tüten zerrend
ungeduldige Kinder durch das
weggekehrte Laub fahren ihre Füße

auf einer verstaubten Bank
sitze ich Wärme und Wind
Licht und Laute prallen ab
an meiner harten Holzhaut
in mir ist Winter
schon längst

Nihilismus

wider Willen
in die Welt
geworfen
zum Dasein
verdammt
wachsen wir auf
in dem Wahn
Glück Güte
Gerechtigkeit
zu genießen
eine Zeit lang
glauben wir daran
bis wir wissen
alles ist
Fiktion der Fantasie
Menschen bleiben einander
immer Fremde
Gott hat es
nie gegeben
auch kein Leben
nach dem Sterben
zu Dreck
nichts als Dreck
werden wir wieder
Suche nach Sinn
die Sucht
den Schein
der Schattenwelt
nicht zu sehen
Sein ist Scheitern

Hypnos & Psyche

der rote Sonnenballon
reift den Nachmittag
zum Abend die Weltbühne
verschwindet hinterm
samtschwarzen Nachtvorhang
mein Schmetterling ist
flügelmüde die Ruhe
sucht mein kranker Falter
doch Hypnos teilt sein
Lager nicht der geile
Weiberheld gaukelt
von Kelch zu Kelch
trunken vor Sehnsucht
sucht ihn mein Falter
allein flattert er durch
den Nachtwald oft in
schwarze Angstabgründe
fallend brüchig werden
seine Flügel bleich
gebläht das Leichengesicht
dann vergraben im Schnee der
Matratzengruft Ohren
tontaub gestopft mit
Stille Welt wie mit
schwarzer Watte vernebelt
ist Hypnos endlich zurück
kann der Falter frei gleiten
durch seine feurigen Träume
dann ist das Dasein nicht
mehr verdorrt und vertrocknet
die Hornhaut überm Herzen
wird abgefeilt die

sonnenmondabgewandte Agonie
hat ein Ende an jenen
seltenen Tagen
werde ich ganz Geist und
Seele und Körper werden eins

Eingemottet

eingemottet
hänge ich herum
ein winteralter
abgetragener Mantel
keiner beachtet mich
findet mich anziehend
ich bin nicht kleidsam

langsam verfalle ich
gegen die neuen Kleider
wirke ich schäbig trist
abgestanden ist mein
Geruch denn der bittere
Gestank des Streites
haftet mir an wie das
nichtssagende Schwarz
im Dunkel des geschlossenen
Schrankes vergeht
der Sommer meines Lebens

Dauerdepressiv

Grauschleier raus
aus der Wäsche
mit starkem Pulver
danach alles strahlend
weiß und rein
oder leuchtend bunt
schwadenverhangen
die Seelenwaschküche
undurchdringlich
dicker Dunst
weder Weißes
noch munter Buntes
grauschwarze Leichenlaken
waschmittelwasserfest
kein Klarspüler
im dunklen Tuch
verschwunden
das Selbst

Kaddisch

London im Juli
Schaukeln im Hyde Park
schwerelos wie ein Kind
das Kind in meinem Bauch
schaukelt auch mit diesmal
dann zum dezenten Doktor
in Harley Street höflich
sind die nice nurses am
nächsten Tag in der clinic
chicken mit curry for afters
und der angenehme Arzt nimmt
den dicken Briefumschlag und ich
habe verloren 20 years ago
never means forever

Die frühen Vögel

in den Armen
des schnarchenden Mannes
wohlig geborgen
die backwarmen Schwaden
seines kraftvollen Körpers
sehnsüchtig saugend
endlich entspannt
lausche ich
frühen Vögeln
den Gast der schlaflosen Nacht
vergesse ich nicht
er wird mich wieder
ins Bett begleiten

Sturmtief

Blätter wehen
wie Gebetsfahnen
Geisterbeschwörungen
im Getöse des Windes

Aim so sad
der Schatten der Jalousie
wirft Gitterstäbe
auf die weißen Wände

Scheinlebendige liegen
in den fahlen Laken
der nach oben noch
offenen rollenden Särge

von Stöckeln wird
der Flur getreten
die bunten Bilder
kondolieren mir

Galgenfrist

nicht im Garten Eden von
Silicon Valley bin ich
sondern Silicone Mountain
wird vielleicht gespritzt
in meine beschnittene Brust

das künstliche Paradies
der plastischen Chirurgie
substitute
please hear my prayer
I got a plastic bag
in my breast

graues Linoleum
klinisch rein gewaschen
starrt mich an
die Jalousie vorm Fenster
zittert nervös im Wind

draußen schlägt ein Hammer
anstelle meines Herzens
die vertrockneten Blätter
versucht der Sturm
dem Baum zu rauben

über meinem Bett
ein glatter Galgenhaken

Ultraschall

Warteraum des Lebens
Todes Putzwagen
Schmutzwasser Rollstühle
Eingefallene Aufgedunsene
ohne Bewegung
ohne Sprache
ohne Lachen
Altershaut Elend
Krankenblatt in der Hand
Warten auf das Urteil
der Maschine

Radioaktiv

bröckelnder Putz
verrostete Rohre
verschmutzte Wände
Knochenszintigraphie
dunkle Ecke im Keller
infirmary blues
Tschernobyl in mir

Terra Morta

Bergland meiner Brüste
vom Feind besetzt
Minen gelegt
Bombenkrater gerissen
die blauen Flüsse durchschnitten
Narben wie Stacheldraht

Täler und Hügel seidenbespannt
rosenknospige Bergspitzen
pfirsichzart einst
mein Land verlorener Unschuld
meine Landschaft dunkel verhüllt
die Sonne mag sie nicht sehen

meine Berge zu besteigen
die Ruhe im Tal zu suchen
wage ich nicht
erledigt ist der Gegner vielleicht
doch Angst lauert mir auf
der Angreifer plant noch Attacken

ich taste mich nicht an

Nonnensonntag

zaghaft schwache Töne der Vögel
Morgenhimmel hinter Wolkenvorhang
Regen tropft auf nackte Astarme
schutzlos ertragen sie das Naß

in die Fenster meiner Augen
dringt kein Licht
schlaflos taube Nacht
will nicht zum Tag werden

Nonnen singen die Messe
gegen den schwarzen Schmerz
dem rohen groben Dolch
in meiner wunden Brust

drohen sie nicht
er wütet weiter
in meinem matten
heillos heißen Leib

Gau

Novembersonntag
Wolkenberge mit
fransiger Sonnenlitze
ziehen gemächlich vorüber
Baumkronen tanzen Walzer
im Spiel mit dem Wind
sie winken mir zu
in der Luft brummend
ein Flugzeug darunter
seine gefiederten Brüder
Liebesgrüße gurrend
gelber Blumenduft
Fliege am Fenster
und ich lebe
auch
noch

Entbindung

schwanger werden war mein Wille
spät gebären nach zaghaftem Warten
im Traum erschien ich der Freundin
auf meinem nackten Bauch lag ein
blauäugiger Säugling bei ihrem
Besuch in der Klinik doch ich bin
schon entbunden vom Krebskind
entfernt vom Kaiserschnitt des
Chirurgen was ich nährte um den
Preis meines Lebens das wuchernde
Ungeheuer der bleiernen Zeit
der Bastard meiner Nachtmahre
gewiß gebär ich ihm Geschwister
ein Kind jedoch wird es nicht

Marterpfahl

Dom gebrochen im Bunker
Frostsonne des Dezember
der Weg zum Schafott
Beine erbleichen
Haut zittert
Lippen tränen
Augen rauhspröde

Warten inmitten sprachloser
kalkigkahler Krebsversehrter
dann ins Allerheiligste
der Krebskammer allein
mit der Aureole des Antikrebs
sie strahlt mich an
bis zum Versengen

dies ist mein Leib
der für Dich gegeben
zur Vergebung
DEINER SÜNDEN

Queen of Angst or Nuclear Waste

Filzstift auf meiner Haut
todrot oder todschwarz
täglich neue Demarkationslinien
Schlachtfeld abgesteckt

auf einer Bahre liegend
mein bloßer Körper
Objekt ohne Willen
von Waffen getroffen

verletzt verwundet verbrannt
vom unsichtbaren Feind
nicht Frau nur Fleisch
klagende Schattenwelt nachts

Schule

Kreischen der Kinder
Schulhof vorm Fenster
Lärm Laufen Leben
Fremde auf einem
anderen fernen Stern
nur die Haut retten
die verstrahlte nur
weiterleben einziger
Gedanke am Morgen

Sportprogramm

Wartehölle vorm Strahlen
niemand strahlt niemand spricht
nur die Glotze gurgelt MTV
oder RTL oder Sport für Lahme
darauf starren perückte Frauen
blond zur Abwehr des Bösen
oder lungenlose Männer
hallt ihr Name in der Wartehalle
springen sie auf wie von
der Krebstarantel gestochen
eilen in den Strahlungsraum
entblößen ihre Körper vor
dem Bildschirm mit ihrem
persönlichen Programm
beim Krebskampfsport starren
sie schon vorhandene Löcher
in die staubdunkle Decke
hastigheftig Angst atmend
obwohl zur Totenstarre
verurteilt öffnet sich Sesam
springen sie von der Bahre
und rennen ins Leben weg

Auf Abruf

geladen als Braut wider Willen
hatte ich geklopft an das Portal
der Prachtvilla mit rasender Angst
eintreten ließ man mich in die
hohe hochzeitlich bereite Halle
ein schwarzlivrierter Lakai nahm
meinen mondgoldenen Mantel ganz
nackt und kalt war ich darunter
das Einladungsschreiben legte ich
in seine wächsern hageren Hände
starrstumm blieb ich stehen bis
der Diener erschien und erklärte
man habe sich geirrt der Platz
an der Tafel im Festsaal besetzt
sei er von einer zuvor Berufenen
ich möge mich wegbegeben bis
zur Wiederbestellung auf Abruf
einen weiteren Werbebrief
mit dem Sensenemblem werde
ich ungelesen wegwerfen

Vanity Fair

im Spiegel Bilder von mir
Magle des rituell wiederholten
bangen Blicks in das glatte Glas
Sucht nach Daseinsgarantie
Sucht nach sicherem Selbst
die Kamera in der Hand
klickt Tag für Tag
besessenes Festhalten der Gegenwart
besessene Beweise der Existenz
Spurensuche und Spurenlegen
Fotovoodoo gegen den Verfall
Fotovoodoo gegen die Vergänglichkeit
Fotovoodoo gegen das Vergessenwerden
Schnappschüsse der Selbstbespiegelung
alles ist eitel nichts aber bleibt
Dasein ist auch nur Bilderschein

Blick in den „Spiegel"

jeden Montag
hab ich den Blues
Spiegelschriftleserin
immer von hinten
Register: Gestorben
immer: eine, einer
„...starb am ...in...
an Krebs......."
dann zieht meine Seele
den Schleier an denn
Namenlose jung und
spurenlos werden nicht
genannt Namenlose
sterben namenlos
an Krebs unbekannt
macht das einen Unterschied?
macht das Erinnern der Nachwelt
den Toten das Totsein angenehmer?

Kummerkur

die blutige Brigida
strammfettes Marschallmannweib
in Füssen und überall
gibt es sie immer noch
und immer wieder
Untertanin und Unterdrückerin
die unsichtbare Zuchtrute
schwingend Ordnung zwingend
als Krankenschwester
harmlos getarnt ist sie
Gefängniswärterin
im Sanatorium der
Senilität und des Stumpfsinns
eingesperrt in häßliche Käfige
sollen Massenmenschen genesen
von Stresshektik in Menschenmasse
dampfgebadet und in einer
Futterfabrikhalle fraßabgefüllt
suchen sie Betäubung der Banalität
im Aufreißen und prahlen mit der
Zahl der gleichgültig Geangelten

Auf Braunshell

Weißgrüner Weizenteppich
weiches Florfell gestreichelt
vom wogend springenden Wind
braune Hätschelhaut am Hang
Farbwettkampf der Pflanzen
lupinenlila gegen ginstergelb
mohnrot gegen rübstielgrün
Fülle des üppigen Frühjahrs
heitere Höhenflüge der Vögel
Schwalben Raben Falken Stare
Wachstum und Atmung der Welt
erstaunen und entfalten mich
ersticken und erdrücken mich
und sprechen mein Sterbenswort

Deutschlehrerfachkonferenzdebatte

blühendes grünes Frühjahr draußen
Leererzimmer dumpfdunkelmuffig
langatmiges fades Gefasel
über Requisiten und Raumordnungen
über Bühnenbenutzung und Stühlebeschaffung
Selbstdarstellerkollegen mit Sprechblasentexten
Leben selbst wird nicht inszeniert
nur leblos laue Dialoge darüber
NOLITE ME TANGERE
schrei ich nur innerlich
ICH HABE DEN TOD GETROFFEN
und deshalb wandern abwesend
abweichend meine blondblauen Augen
über weiße Wolken in den hellen Himmel
dort werde ich schon sein
wenn sie immer noch endlos
auf ihrer Laienbühne
das Leben proben

Fassade

Sie haben ja noch Ihr langes Haar
Sie sind ja gar nicht kahl
sagte die junge Mutter zu mir
am Elternsprechtag mich anstarrend
man hat mich nur bestrahlt
die Scham des Haarausfalls
hat man mir erspart doch
vorher hat man mir eine
kosmetische Operation verordnet
Narben sieht man nicht
aus glattem Spiegelglas hat man
mir ein Gesicht gegeben
man sieht mich an und
sieht nur sich
und wer mich anlächelt
der lächelt sich an
und wer mich anstarrt
der starrt sich an
und wer mich nicht ansieht
der sieht auch nicht sich
und mich sieht er nie
zerschlag den Glasspiegel
und hinter den Splittern
findest Du mich und
ich erblicke Dich

Reinkarnation

liegen will ich
in schwerer Erde
am Rande des Waldes
Birken blühen grün
aus meinen Beinen
Buschwindröschen
betten sich in
meinen Bauch auch
Magnolien ankern in
meinem Mund und
Kamelien keinem
aus meinem Kopf
Buchenblätter bedecken
meine Brust keine
Karzinome wuchern
in ihr Knochen
nur noch Ruhe
Reinkarnation
nennen es
die Hindus

Das Jahr danach

spätestens im November
nach dem Tag der Toten
wenn der hohle Totenkopf
aus Zuckerguß gegessen
wenn klebrige Kuchen
und kandierte Kürbisse
den Untoten die Süße
des Daseins suggerieren
wenn der Baum im Hof
sein Goldgewand gegen
den Tarnmantel tauscht
und wenn die Tiere
hinter ihre Lider kriechen
und wenn Sonnenocker
wasserfahl langes Schwarz
an die Wand malt
dann hat die anima sola
vollbracht das Jahr danach
das Palmblatt halte ich
mit frostigen Fingern
Dankeslieder klingen
durch die abrißreife
Kapelle meines Körpers
der Sonntag Jubilate
ist dennoch lange vorbei
und die Kopfglocke warnt
wieder vor dem Steigen
der Sturmflut im Winter
Blumen wachsen dunkel nach
in death's dominion

Bestattungsmodalitäten

meinen Sarg bemalen
in lebhaften Farben
als Truhe benutzen
bis er mich birgt
den trockenen toten Rest
des einstigen Selbst
dann in Grabesruhe
verharren als Aas
zernagt von Ratten
bis nichts mehr da ist

oder namenlos ohne Grab
Körper mit Kalk verbrannt
mein goldaschenes Haar
versengt Krematoriumsgestank
nichts als eine Schale
Asche das alles geworfen
ins Wasser des Meeres
wird die Asche Salz
nach Tränen schmeckt
das schwarze Aschenmeer

oder anonymer in die Anatomie
Gutes tun mit dem Tod
Herz Leber Innereien
für das Heil der Menschheit
danach wie Schlachthofkadaver
in die Verbrennungsöfen
für Menschenmüll
Rauchzeichen steigen auf
den Lebenden
vergeht der Atem

6. August 1992

Tropensommer im Norden
bleischwer ans Bett geschweißt
Musikmousse vom Kurkonzert
träge Tennis auf dem Bildschirm
blinzelnd beiläufig Zeitungen
blätternd Bosnien Somalia
nicht nah bei Badenweiler
Bergen Belsen ebenso fern
vom Wohlstand ermattet
the day after Galadinner
Lachsalven Tanz Pralinen
Hiroshima mon amour hier
brennen nur Kerzen zum
Kaschieren der Wahrheit
kein Kostendämpfungsgesetz
kappt die Kur Geldregen
für reichfette Nimmersatte
am Straßenrand in Somalia
verwest die Menschlichkeit

Axilla

Lebensration auf Bezugsschein
abgelaufen
neuer Stempel nötig
Fahrt mit der Straßenbahn
Endstation Strahleninstitut
Klagen verboten
früher hat man
so große Brüste
wie Ihre
abgeschnitten
Verlängerung verweigert
Achselknoten
ich hab noch ne Axilla
für den Chef
wiederbestellt
Stundensanduhr
zwei Tage Bleizeit
zu feinen Körnern zersiebt
jedes einzeln gezählt
Paralyse des Seins
Computertomographie
nicht mehr atmen
weiteratmen
nicht mehr atmen
weiteratmen
nicht mehr atmen
weiteratmen
stirb ein bißchen

lebe wieder
stirb ein bißchen
lebe wieder
stirb ein bißchen
lebe wieder
Warten davor
Warten danach
Warten Warten Warten
bis die Lebensfahrkarte
für ein halbes Jahr
verlängert wird

Dreizehnter Dezember

diesmal kein Freitag
der dreizehnte
nur ein Donnerstag
kein hoher heller Himmel
wie an den Freitagen
den dreizehnten zuvor
ein verregneter lauer Dezembertag
dennoch fast dieselbe Erfahrung
Fahrt zum Krankenhaus
dieselbe Strecke wie damals
vor sechsundzwanzig Jahren
noch ist der Vater
nicht tot wie die Mutter
aber auch ihn

wird Cancerman
catch as catch can
bald zur Strecke
gebracht haben
Krebs heißt auch
der Herr im Bett
neben ihm
kraftlos liegt in seinen Laken
der immerstarke
immerkalte Machtvater
endlich zart oder
auch nur zahm
hält er lange
meine Hand er
der mich nie
umarmt hat
immer nur knapphöflich mir
die Hand gegeben hat
wie einer Fremden
ich verlasse ihn
doch schon bald
muß ich ihm folgen
wenn Cancerman
auch mich wieder
in seinen Würgegriff nimmt
wie am dreizehnten Dezember
vor drei Jahren
wieder scheint er
im Hinterhalt zu lauern
hinterrücks will er mich packen
schon spüre ich seine Klauen
auf meiner nackten Haut
Gewebeentnahme
Furcht und Elend
eines weiteren Eingriffs

Vater Tod

sein Sterben Replik
Antwort auf sein Leben
Todessstrafe Strafe des Todes
Strafe des Sterbens
nicht mehr flüstern kann
der einst schreiende Vater
nicht mehr rühren
kann sich der
sonst tobende Vater
knochenmager
Knochengespenst
Strafe Gottes
Gnade Gottes
hilflos der Hilfsverweigerer
der Tod meines Lebens
war der starke Vater
nun wird der schwache Vater Tod
die Haut als letzte Tarnung
des Knochenmannes
ohne Zähne ohne Brille
verschwindet der Vater im Tod
nur die blauen Augen hat er
ihm noch nicht ausgekratzt

Aschermittwoch

seit Tagen abends
immer roter Wein
Bluttransfusion
Sedativum flaschenweise
Nachsorge am Aschermittwoch
Routinekontrolle
Routine niemals
eher Guillotine
auch wenn nachher
die Brust dranbleibt
condonna universale
alle sechs Monate
wird meinem Leben
der Prozeß gemacht
Tod oder Freispruch
mittags Rotweininjektion
in der Bahn Hinweis auf Begleitung
erste Kölner Genossenschaft
für Bestattungen
Beerdigung mit Discount
Ergebnis negativ
ich bestatte meine Angst
für ein halbes Jahr

Zwei Zimmer

jeder hat seinen Fernseher
jeder hört seine Musik
meine Bücher deine Bücher
meine Bilder deine Bilder
unsere Bilder voneinander
Parias füreinander Fernnähe
Untouchables Rührmichnichtan
kein Hautkontakt Ersatzhandeln
Spargelstangensaugen
Bananenblowjob
orale ohne Mann Phase
two continents of experience
unable to communicate
Wanderung durch die Wüste
der Einsamkeit in der Ehe
vier Meter Distanz unüberwindbar
zwischen zwei Einöden
Rufen verhallt ungehört
Weinen wird nicht wahrgenommen
Liebe kälter als der Tod

Legastheniker der Liebe

Mann und Frau sind Menschen
Menschen sind lernfähig
Menschen sind beziehungsfähig
Menschen sind kompromißfähig
Menschen haben die Sprache
Menschen haben Blicke Gesten
Menschen haben Arme Hände

Mann und Frau sind Artisten
Mann und Frau sind Autisten
Mann und Frau kennen nur
ihre jeweils eigenen Regeln
in der Grammatik der Gefühle
Wiederholung derselben Fehler
beim Buchstabieren der Liebe
Rede- und Rechthabeschwäche

eine Frage ist ein Angriff
ein Angriff ist eine Verteidigung
Reden und Schweigen sind gleich
beide bedeuten Einsamkeit
der Streit geht weiter

Verloren Gefunden Verloren

wiedergefunden hab ich dich
beim Wandern durch den Wald
auf ewig verloren dachte ich
dich doch du nahmst meine Brust
in deine Hand wie beim ersten Mal
und meine Hand tastete deine
zärtliche Härte die schwarz
strafenden Steine waren gewichen
honighaselnussige Bernsteinblicke
liebkosten mich meine Schmerzen
waren ganz weg einen Abend kurz
danach saßen wir auf der Bank
und faßten einander nicht an

Phallust   für Matthieu

mich fallen lassen
viele Male
Tag für Tag
ganz nah
liegst du
bei mir
ganz nackt
bin ich
bei dir
Phallus und Finger
in mir
Heilung durch
Handauflegung
Eucharistie
am Nachmittag
mit Brot und Wein
des Leibes
feiern wir
kein Feigenblatt
nur die Früchte
vom Feigenbaum
pflücken wir
mein schwarzer Helios
und ich

Wortgewitter

welke Wolkenkelche
seit Wochen im
vertrockneten Himmelsbeet
kochende Sonne
schlafende Tage
heiße Streitzeit
Wortdonnerwetter
Wachen Nacht für Nacht
wenn ich von deiner
Sprache geschlagen
gefoltert von deinen Worten
zerschlagen zermartert
auf mattem Lager
den Haß ertrage
Hand an mich gelegt
hast du gequetscht gepreßt zerhackt
mein Herz
weggeworfen an dich
danach beißendes Schweigen
krankhaftes Warten
bis dein Worthagel
wieder auf mich
herabprasselt

Spielball

mit mir wirst du achtzig
verlassen kannst du dich
für immer auf mich
der beste Mann bin ich
für dich auf ewig dein
so sagte er

mit dir will ich nicht leben
verlassen will ich dich
für immer geh ich fort
dein Mann bin ich nicht mehr
geliebt habe ich dich nie
sagte derselbe Mann
sechs Monate später
verleumdet
verlassen
verstoßen
vergessen
verloren

Kahler Ast

nasser Herbstwald
abgebrochener kahler Ast
unbeachtet am Wegesrand
Fäulnis Verfall für viele
Liebesobjekt Objekt der Begierde
Lebenssymbol für mich
spontane Wahl
die trockene braune
Hauthülle streife ich ab
der nackte glatte Körper
zeigt sich hart zart
Astgabelungen
Wanderwege ins Leben
mein Herbst
ist hinter mir
das Frühjahr blüht wieder
grüner und stürmischer
üppiger als früher

Lyrik als Liebesersatz   für E.

mein Mund bleibt stumm
aber mit begierigen Blicken
kann ich sprechen und küssen
meine Gedanken sag ich nicht
aber dich lieben will ich in Gedichten
dich festzurren in meiner Mulde
aus Metaphern in das weiche Bett
von Vokalen legst du dich mit mir
in meinen Satznetzen will ich
dich gefangen halten
im Satzzeichenwald
will ich mich mit dir verirren
in mir versinken wirst du nur
in Worten nicht in Werken
wird deine Wünschelrute meine
Wasseradern suchen und dein Stachel
wird kein Dorn in meinem Munde sein
nur der Wald wogt wild
nur Grillen zirpen lockere Losungen
nur mein Liebhaber Wind streichelt
meinen bereiten Leib denn Menschen
sind getrennt durch eheliche Bindungen

Das Hohle Lied der Liebe

der Dichter erklärt mir Liebe:
du holder Perlengraben
dich liebe ich
du mit beiden Brüsten
süßer und blühender
als die einer Siebzehnjährigen
du mit dem Weizenleib
wilder als der einer
sehnsuchtswunden Stute
du mit blaugrauen Taubenaugen
ausgelassener und untrauriger
als die eines frisch
geschlüpften Kükens
du mit der Muschelblume
der duftenden der knospenden
du mit dem Glutbrunnen
aus dem flammender Balsam
mir als Seelensalbe
entgegenströmt
deinen Honigschoß
laß mich liebkosen
von deinen Waben
laß mich naschen
in deinem Altarraum
archaischer Nacht
laß meine Kerze brennen
bis zum Morgenrot

so große Worte gesprochen
zwischen den Küssen
zwischen den Kissen
doch dann wie ein Blatt
Papier im Wind beschrieben
mit diesem Hohlen Lied der Liebe
weht er davon und
fällt herab auf den nächsten
erwählten noch geschlossenen Schoß
dort stimmt er fast
denselben Gesang an
und wieder fühlt sich
eine gemeint
doch der lyrische Hymnus
ist lediglich
die alte abgedroschene Leier
zu der sie alle geschmeichelt
die Tore weit machen
denn zweifellos kommt
ein Herr der Herrlichkeit

das Weib an sich
liebt er vielleicht
doch me myself and I
ist nicht gemeint

Der blaue Traum   für den geliebten großen
                    Poeten

in meinem blauen Bett
in meinem blauen Zimmer
da träum ich einen blauen Traum
darin lieg ich alleine nimmer
und du wirst jung und immer jünger
und ich bin auch ein Weibchen kaum
und deine alte haselbraune Rute
die wird noch mal
zum jungen grünen Stamm
mein asthenisch edler Bräutigam

in unsrer blauen Innigkeit
sind wir wie laute wilde Kinder
und doch voll Inbrunst
und voll Leidenschaft
wir liegen beide ineinander
und zapfen deinen weißen Saft
der schmeckt uns nach Maronenmilch
und Honig fließt aus meinem Schoß
mit dieser Nahrung geben wir uns Kraft
doch ist der Traum ganz wesenlos

Kraftgeistmensch   für den „lieben Anrufer"

groß bist du doch
irgenwie kurzbeinig
ganz lockig doch schon
halbkahl gut gewachsen
doch schon rundbäuchig
und ach so sehr begehrenswert
hinreißend schüchternes Jungenlächeln
doch auch ein freches kaltes Strahlen
Feingeist Zartseele
doch auch Kraftpaket Muskelmann
Bücherschreiber Leser Macher
doch auch Derrickglotzer
Kulturverrückter Hochgebildeter
doch auch Fußballgucker
Blicke tauschten wir wie Ringe
noch war ich namenlos für dich
da hast du mich schon angefaßt
und auch ich wollte dich at once
behutsam hab ich dich ertastet
ganz rasch bist du gewachsen
unter meiner Hand
nun nach fast einem Jahr auf
meinem Band noch immer deine
Stimme: „Wo bist du? Schon lange
warte ich auf dich". Und ich ersehne
dich my male chauvinist pig
doch die Leitung schweigt
und das ist gut so

Begehren

Schöner spanischer Knabe
marokkanischer afrikanischer Knabe
griechischer Jüngling
oder junger Gott
mit scharf rasiertem
schwarzen Lockenhaar
mit seidiger Olivenhaut
und der Geschmeidigkeit
eines langbeinigen Tigers
deine großen hellgrauen Augen
bohrten sich mit
brennendem Begehren
in meinen erstaunt
geschmeichelten Blick
deine Mutter
könnte ich sein
doch dein Blick
macht mich zur
gleichaltrigen Geliebten
du wilder Maler
Maurer mit den
farbbekleckesten Schuhen
mein Körperhaus
mauern deine Blicke neu
und alle Türen
öffne ich für dich
und lasse dich eindringen
ins Innere des Hauses
bis ich die
Straßenbahn verlasse

Spring in the City

über Nacht hat jemand
Bäume und Büsche mit
grüner Farbe angemalt
und weiße Wattetupfer
wild darauf verstreut
Winterwolle wird abgeworfen
am anderen Tag schon
tragen Frauen nackten Samt
an den Wegen wachsen
Stühle aus dem Asphalt
Männer sitzen träge darin
Kaffee oder Bier trinkend
gieren sie aus Augenwinkeln
nach runden Lustreizen
ihre Schienen entlang
tanzt die Straßenbahn
buntbekleidet zu ihrer
schrillen Musik
graue Autos taumeln
sonnenbenommen nach Hause
Radfahrer schlagen Haken
Hasen rasen über das Gras
junge Hunde ziehen Leine
Menschen laufen hinterher
auf der Wiese spielen
blaue Bälle mit Kinderköpfen
Tauben lärmen lautstark
die Welt ist verdreht
vor lauter Frühlingsglück
Schreien feiern den Mai

Inhalt	Seite
Seziermesser	7
Männer fällen Stämme	8
Beversee	9
Hochwald	10
Blinde Post	11
Sisyphosarbeit	12
Lieben lernen	13
Meine Sprache mein Atem	14
Sprachkäfig	15
Tschechovs Todesort	16
Endlösung	17
Armenlegion	18
Kriegsgefühl	20
Männer sind Kriegsspieler	21
Mourning becomes the daughter	22
Mein Erbteil	23
Scharia	24
Markt in Bangkok	25
1941 1951 2001	26
Satansvaterbraten	27
Fisch im Becken	29
Ecce homines	30
Persona	31
Weiche Ziele	32
Rievkooche wie bei d'r Mamm	33
Nihilismus	34
Hypnos & Psyche	35
Eingemottet	36
Dauerdepressiv	37
Kaddisch	38
Die frühen Vögel	39
Sturmtief	40
Galgenfrist	41
Ultraschall	42
Radioaktiv	43
Terra Morta	44

Nonnensonntag	45
Gau	46
Entbindung	47
Marterphahl	48
Queen of Angst or Nuclear Waste	49
Schule	50
Sportprogramm	51
Auf Abruf	52
Vanity Fair	53
Blick in den „Spiegel"	54
Kummerkur	55
Auf Braunshell	56
Deutschlehrerfachkonferenzdebatte	57
Fassade	58
Reinkarnation	59
Das Jahr danach	60
Bestattungsmodalitäten	61
6. August 1992	62
Axilla	63
Dreizehnter Dezember	64
Vater Tod	66
Aschermittwoch	67
Zwei Zimmer	68
Legastheniker der Liebe	69
Verloren Gefunden Verloren	70
Phallust	71
Wortgewitter	72
Spielball	73
Kahler Ast	74
Lyrik als Liebesersatz	75
Das Hohle Lied der Liebe	76
Der blaue Traum	78
Kraftgeistmensch	79
Begehren	80
Spring in the City	81

Bi Han Sen, 1951 in der Lüneburger Heide geboren, hat in Köln Anglistik und Germanistik studiert und lebt dort heute als Autorin, Fotografin, Malerin.